¡Sssssshhhhhhhhhh!

Haz del teatro algo íntimo

Llévalo siempre en el bolsillo

Cubierta y diseño editorial: Éride, Diseño Gráfico
Dirección editorial: ángel jiménez

Primera edición: junio, 2024

Incondicionables
© Bernardo Rivera
© Tomás Naranjo-Cluet
© VdB, 2024
Espronceda, 5
28003 Madrid

VdB®

ISBN: 978-84-19850-61-4
Depósito Legal: M-12695-2024
Diseño y preimpresión: Éride, Diseño Gráfico

Este libro protege el entorno

incondicionales

Benardo Rivera. (Sevilla, 1976)
Licenciado en Derecho. Cursó sus estudios de Arte Dramático en la escuela de teatro Bululú de Madrid. En teatro escribió junto a Nacho Atienza el espectáculo *B.U.P.* Es el fundador de la Compañía de teatro Qué jArte!, en la que realiza labores de escritura, producción, interpretación y distribución. El primero de ellos fue *Dios, qué viaje.* A continuación escribió e interpretó el espectáculo unipersonal *El curso de tu vida.* En tercer lugar, junto a Tomás Naranjo-Cluet escribió *Incondicionales* en la que participó como actor junto a Candela Solé. También produjo e interpretó *Negra Sombra.* Por último, escribió e interpretó el unipersonal *Reiniciando,* ganadora del Premio Mejor Espectáculo y Mejor Actor, en el XIII Certamen de teatro Villa de Burguillos, Sevilla. Todos sus espectáculos han sido representados en las principales ciudades del país.

Tomás Naranjo-Cluet (Caracas, 1985)
Licenciado en Comunicación Audiovisual y Marketing por la University of Central Missouri, EE.UU., ha desarrollado una prolífica carrera como guionista bilingüe (español e inglés) con diez años de experiencia. Su trayectoria incluye trabajos en proyectos de ficción, corporativos y de branded content, colaborando con empresas y marcas en EE.UU., España, Latinoamérica y el Reino Unido. Ha trabajado en proyectos de diversos sectores: entretenimiento, medios de comunicación, gran consumo, fintech y deportes. Entre sus proyectos de ficción más destacados se encuentran *Incondicionales* (teatro), *Karmanimal* (serie) y *Los Lumbreras* (webserie).

BERNARDO RIVERA
TOMÁS NARANJO-CLUET

incondicionales

Esta obra se estrenó en el Teatro Lara de Madrid
el 2 de junio de 2019 interpretada
por Bernardo Rivera (CARLOS / SERGIO) y Candela Solé (PATRICIA / SERGIO).

Dirección: Paco Rodríguez.

Personajes

PATRICIA
CARLOS
SERGIO

Acto I
Escena 1
El funeral (2019)

Estamos en un espacio neutro, íntimo, en el que destaca una corona fúnebre. Es una salita por la cual se accede a otro espacio mucho más grande. Entra CARLOS, *treinta y siete años, madrileño, actor de éxito. Va bien vestido, está repasando su discurso, mira la hora y la puerta esperando a que llegue* PATRICIA. *Se asoma por última vez y decide entrar al funeral. Justo en ese momento aparece* PATRICIA, *treinta y cuatro años, madrileña, de carácter dominante, humor cínico y espíritu emprendedor. Camina con seguridad, algo acelerada para los demás, piensa que el mundo avanza muy lentamente para su ritmo. Al verse se quedan por un momento paralizados pero seguidamente* CARLOS *la increpa por llegar tarde.*

PATRICIA   Carlos, ya estoy aquí... perdona.

CARLOS   Patricia, llegas tarde. Habíamos quedado hace veinte minutos.

PATRICIA   Sí, sí, lo siento.

7

CARLOS	Es que sigues igual.
PATRICIA	Es que he recibido una llamada urgente, pero que ya está. (*Justo cuando van a entrar al funeral suena el móvil de ella.*) Lo siento tengo que cogerlo, es importante... no tardo nada.
CARLOS	No irás a cogerlo.
PATRICIA	(*Al móvil.*) No es no, Lola. No es no.
CARLOS	Patricia, no.
PATRICIA	(*Al móvil.*) Habíamos llegado a un acuerdo.
CARLOS	Patricia, por favor.

(PATRICIA *le tapa la boca con la mano.*)

PATRICIA	(*Al móvil.*) Lo dejamos tal y como está en el informe que te he entregado esta mañana y acuérdate que hoy no me puedo reunir, no me llames más.

(PATRICIA *cuelga.* CARLOS *le quita la mano.*)

CARLOS	Hola.
PATRICIA	Hola... perdona.
CARLOS	¿Cuánto tiempo ha pasado?

PATRICIA   No sé.

CARLOS   ¿Cómo estás?

PATRICIA   Estoy. ¿Tú?

CARLOS   Me alegro de verte.

PATRICIA   ¿Vamos?

(CARLOS *saca un sobre.*)

CARLOS   Es de parte de Sergio. ¿Lo leemos?

PATRICIA   Mejor en otro momento.

CARLOS   Claro. Vamos.

PATRICIA   Empieza tu primero, Carlos. Que estoy muy nerviosa.

CARLOS   Claro, no te preocupes.

PATRICIA   ¿Has preparado algo? Que tonta, seguro, conociéndote.

CARLOS   De hecho tengo una sorpresa... (*Señalándola con el dedo.*) Igual te hago salir.

PATRICIA   Oye, a mí no me hagas hacer el ridículo delante de toda esta gente que aquí el actor eres tú.

(Empiezan a discutir.)

CARLOS   Que no pasa nada porque te relajes una vez en tu vida.

PATRICIA   A mí no me pongas a hacer el ridículo delante de los demás.

CARLOS   Improvisa un poco, déjate llevar.

PATRICIA   Mira, Carlos, que la vamos a tener. *(Se enciende la luz y los ve el público. En ese momento ponen cara de circunstancias, se miran y se ponen tristes por el lugar en el que se encuentran. CARLOS coge de la mano a PATRICIA. Caminan de la mano, él enamorado por lo que vivieron juntos. Ella, alucinada, se deshace de la mano cuando llegan al atril.)* ¡Suéltame la mano, coño!

                (A CARLOS se le caen todas las tarjetas del discurso. PATRICIA lo ayuda a recogerlas.)

CARLOS   *(Al público.)* Buenas tardes a todos. Bueno, como ya sabéis yo soy Carlos Torres, y ella es mi ex, Patricia Muñoz. Pero hoy no hemos venido a hablar del Carlos Torres actor, carismático, polifacético, cómico, artista, solidario...

                (PATRICIA cortándolo.)

PATRICIA   Hemos venido a hablar de Sergio, cariño.

CARLOS Eso es. Hoy estamos aquí por nuestro amigo Sergio porque él quería que dijéramos unas palabras en su funeral. (*Pausa.*) Sabemos que Sergio era un político muy mediático, hemos atendido ya a los medios de comunicación, así que por respeto a los familiares y allegados rogamos que no se haga ningún tipo de grabación de este acto tan íntimo. Gracias. (*Continúa.*) Cuando Sergio me pidió que hablase hoy... lo primero que pensé fue «qué tío más previsor... muy en su línea...». Después pensé «pero qué digo. Cómo puedo empezar algo que es un final...». Como cuando te dan un guión, que después de leerlo detenidamente analizas tu personaje, ves su arco narrativo y piensas «qué bonito, qué de matices». (*Pausa.*) Pero la vida va más allá del trabajo de un personaje... no vivimos solos, sino rodeados de circunstancias, amigos, familiares. Una vida única.

PATRICIA ¿Qué dices? cambia, cambia.

(CARLOS *está hecho un lío con las tarjetas. Y va improvisando sobre la marcha.*)

CARLOS El cine. «ET».

PATRICIA ET, ¿de verdad?

CARLOS Cuando de pequeño yo veía «ET» pensaba en la bonita relación de amistad que mantenía el niño con ese pequeño ser, extraterrestre, feo, con esos ojos saltones, que está dentro de un armario. Cuánto me recuerda a Sergio... no porque estuviera dentro de un armario, que ya salió de él y feo, feo, Sergio no era, pero cuando él quería era un bicho, un bicho bueno como ET, adorable.

PATRICIA   Para Carlos, por favor. Se te está yendo, se te está yendo.

(CARLOS *vuelve a las tarjetas.*)

CARLOS   Mi abuela. Ella decía: «un día más, un día menos»... es que para mi abuela la vida...

(PATRICIA *se acerca por la espalda a él. Y se cambia de sitio.*)

PATRICIA   La abuela, no; la abuela, no.

CARLOS   (*A* PATRICIA.) ¿Qué puedo decir de Sergio?

PATRICIA   Tantas cosas podrías pero ninguna de las que estás diciendo. (*Dirigiéndose al público.*) Es que está un poco nervioso... vamos a animarlo. Un aplauso por favor para darle fuerza.

CARLOS   Gracias, gracias. (*Al público.*) ¿Qué puedo decir de Sergio? Los que estamos aquí creíamos conocerlo perfectamente, amigos, familiares, compañeros de partido… (*Se enfada con ellos.*) Hoy sí estáis aquí «apoyándolo» en este día, eso es lealtad.

(PATRICIA *se acerca a él.*)

PATRICIA   Tranquilo, tranquilo. (*Al público.*) Perdonad, si es que ya he dicho antes que estamos un poco nerviosos. (*A* CARLOS.) Tú relájate, relájate.

(*Le da unos golpecitos en la cara y el último más fuerte. Se vuelve a su sitio original y le hace gestos con los puños en signo de apoyo.* CARLOS *reacciona.*)

CARLOS   Pero como tú siempre has dicho «Todo cambio hay que tomarlo como algo positivo, que forma parte de la vida». Cuánto he aprendido de ti, amigo. (*Al público.*) ¿Quién no ha jugado con él a vamos a decirnos tres virtudes y tres defectos de cada uno de nosotros? Es un juego que le encantaba. (*Pausa.*) Seguramente muchos de nosotros coincidiremos que entre sus virtudes destacaba que era incondicional, divertido y comprensivo. (*Continúa.*) Pero claro, entre sus defectos habría que decir que era dramático, intenso e impulsivo. Te decía lo que pensaba sin filtros… y es que como te descuidases te mandaba un mensaje bomba de los suyos… De esos que no dejan indiferente a nadie.

PATRICIA   Bueno ya, dale ritmo. Ritmo.

CARLOS   Nos conocimos en el 2007, hace ya doce años, que se dice pronto... doce años... el mismo día que conocimos a Patricia, en el bar del futbolín. No podéis imaginar la de partidos que echábamos en aquella época. Desde entonces nos convertimos en el trío inseparable, Patricia, Sergio y yo. (*Pausa.*) Tengo una sorpresa preparada, que sé que a Sergio le hubiese gustado que la hiciéramos hoy, en su honor. Y es que uno de los momentos más divertidos que pasamos los tres fue en el cumpleaños de Patricia. ¿Te acuerdas, Patricia? En tu casa, hicimos un concurso de modelos. (PATRICIA *asiente incómoda y avergonzada.*) Teníamos que desfilar los tres. La primera fue Patricia. Es un momento que sé que a Sergio le encantaría que reviviésemos hoy. Por favor, todos acompañamos con las palmas. (CARLOS *toca las palmas y anima al público a seguirlo y canturrear.*) Venga Patricia desfila.

PATRICIA   Que no pienso hacerlo.

CARLOS   Hazlo por él. No puedes estar siempre a la contra.

                  (PATRICIA *sale obligada a desfilar. Se siente ridícula y vuelve enfadada a él.*)

PATRICIA	Tú eres tonto. De verdad, un desfile de modelos en estos momentos. Es que tienes unas ideas. Venga anda, termina de una vez.
CARLOS	(*Al público.*) Si hay algo que hoy quiero destacar de Sergio es que... (*Pausa.*) siempre tenía tiempo para escucharte, para darte un consejo, y para darte caña... Sí, el cabrón era muy especial en eso. Y aunque a veces me cuesta expresar lo que siento, cuando pienso en ti me resulta más fácil porque has aportado tanto a mi vida, que no sé qué será de mí sin un amigo como tú. (*Pausa.*) Te quiero, Sergio. (PATRICIA *se acerca al atril porque parece que* CARLOS *ha terminado, pero continúa hablando.*) Siempre te llevaré en mi corazón. (PATRICIA *se vuelve a acercar.*) Porque pase lo que pase nunca te olvidaré. (PATRICIA *se vuelve a acercar.*) ¡Te quiero! (*Lo dice tan alto que asusta a* PATRICIA.) Sergio, te quiero. te quiero.
	(*Se acerca a* PATRICIA *y le da un beso de abuela. Ella va quitando a* CARLOS *pero él sigue queriendo hablar y montando su show. Se retira a un lado. Y hace gestos señalando a* SERGIO *en el cielo.*)
PATRICIA	Gracias, Carlos. Vaya, me has dejado el listón muy alto. Y ahora tengo que hablar yo.

(*Pausa. Continúa.*) Sergio, yo te admiraba... eras un fiel reflejo de lo que es luchar por tus sueños. Has derribado muchos muros, has conseguido que confiemos en nosotros mismos...

(CARLOS *saca un caramelo y con el ruido la interrumpe. Ella lo mira molesta.*)

CARLOS   Es que tengo la boca seca.

PATRICIA   (*Continúa con su discurso.*) Has sido nuestro confidente, siempre. Nunca me has juzgado... es tan difícil no hacerlo, ¿verdad?. Y eso te honra y hace que me sienta muy orgullosa...

(A CARLOS *se le atraganta el caramelo y lo escupe saltando cerca de* PATRICIA. *Ella lo asesina con la mirada.*)

CARLOS   Es que se me ha ido por otro lado.

PATRICIA   Esta vez, por lo menos, no me lo has metido en el ojo. (*Continúa con el discurso.*) Estoy orgullosa de tener un amigo como tú, Sergio. (*Pausa.*) También eras muy tozudo... cuando algo se te metía en la cabeza no había forma de que cambiaras de opinión.

(*En ese momento suena un móvil.* PATRICIA *cree que es el suyo.*)

CARLOS	Patricia, el móvil, por favor que estamos en un funeral.
PATRICIA	No es el mío. Es el tuyo Carlos.
CARLOS	Uy, perdón.
PATRICIA	Sergio siempre tenías tiempo para los demás... tenías un corazón muy grande... he estado tan ocupada que no me daba cuenta de que el tiempo pasa y cuando menos te lo esperas... (PATRICIA *se rompe, no puede continuar.*) Lo siento.

(PATRICIA *se marcha.*)

CARLOS	Espera, Patricia. (CARLOS *se dirige al atril.*) Lo sentimos pero damos por concluida la ceremonia en homenaje a Sergio. Gracias.

(CARLOS *va detrás de* PATRICIA. *Volvemos al espacio neutro anterior.*)

PATRICIA	No puedo.
CARLOS	Ven aquí.

(*Se abrazan. Por un momento les hace recordar cuando estaban juntos. Se separan pero ella le tiene cogido el brazo.*)

PATRICIA	Sigues oliendo igual. Hay cosas que no cambian.

CARLOS   ¿No notas el *CrossFit*?

PATRICIA   (*Lo nota pero no lo quiere reconocer.*) ¡Qué barbaridad! Te has puesto cañón.

CARLOS   Oye que voy tres veces a la semana.

PATRICIA   Si es que al principio cuando te he visto he pensado, ¿ese de ahí es Mario Casas?

CARLOS   Se hace lo que se puede.

PATRICIA   Más bien te pareces a Mario Vaquerizo.

CARLOS   Pues tú vas mejorando con los años.

PATRICIA   Pues tú te estás quedando calvo.

(PATRICIA *se desprende de* CARLOS.)

CARLOS   Es mi look para un nuevo personaje... rollo Steven Seagal. (PATRICIA *sonríe.*) Así mejor. Me encanta verte sonreír.

PATRICIA   Steven Seagal, anda que no eres antiguo.

CARLOS   Ya sabes que yo soy de ET.

PATRICIA   Y yo soy más de OT.

CARLOS   Lo que me he reído antes viéndo-OT desfilar como una modelo en la pasarela.

PATRICIA   ¿ Viendo-OT? (*Se ríe.*) ¡Ay que ver Carlos, no pierdes la chispa, eh! ViendOT. Qué malo, Carlos. Pero vamos que el día de mi cumpleaños gané yo. Por cierto, este año se te pasó.

CARLOS   No quería molestarte, como estabas con tu novio.

PATRICIA   Y eso qué tiene que ver. Somos adultos y ante todo amigos, ¿no?

CARLOS   Sí... pues que sepas que me acordé.

PATRICIA   Si llamáramos más a las personas de las que nos acordamos cuando nos acordamos de ellas... sería todo tan fácil.

(*Se separan y de espaldas* CARLOS *hace el sonido de un móvil.*)

CARLOS   Ring, ring, ring. Uy, creo que te están llamando.

PATRICIA   Déjalo, ya lo cojo. ¿Sí, quién es?

CARLOS   Soy yo.

PATRICIA   Es que no te tengo grabado.

CARLOS   Soy Carlos. Tu Carlos .. bueno el que fue tu Carlos.

PATRICIA   Perdona, es que no tengo ni soy propiedad
                  de nadie.

CARLOS   Es una forma de hablar, Patty.

PATRICIA   Ya nadie me llama así.

CARLOS   Entonces tendrás que hacer memoria.

PATRICIA   Uy, es que hace tiempo que «reseteé».

CARLOS   Sabes, Patty, que siempre va a quedar algo
                  entre nosotros...

PATRICIA   Oye, tengo que colgar que estoy delante
                  de un amigo... muy pesado.

                  (*Cuelgan los dos el teléfono.*)

CARLOS   Felicidades.

PATRICIA   Pero si hoy no es mi cumpleaños.

CARLOS   Felicidades por tener un amigo... en estos
                  momentos es lo que más se necesita. (*Si-
                  lencio. Rompiendo el hielo.*) Si Sergio estu-
                  viera aquí nos diría: «vengas chicas, ya está
                  bien de una vez... que sois unas pesadas».

                  (PATRICIA *se ríe por cómo lo ha imitado.*)

PATRICIA   Que mal imitas a Sergio, él nunca diría eso.

CARLOS   Tú tampoco lo imitas muy bien.

PATRICIA   Ya, querido, pero el actor eres tú. (*Pausa.*) Me tengo que ir.

           (PATRICIA *sale de escena. *CARLOS* saca la carta de *SERGIO* y empieza a leerla en voz alta.*)

CARLOS   Hola, Carlos y Patricia. Espero que esta carta la estéis leyéndo juntos, como a mí me gustaría…

           (PATRICIA *entra y le quita la carta a *CARLOS.*)

PATRICIA   Pero si parece un discurso de investidura... (*Continúa leyendo la carta en voz alta.*) Seguramente será Patricia quien tenga la carta en sus manos y la esté leyendo en voz alta... (*Pausa.*) Cómo me conocía, el cabrón.

CARLOS   Ante todo, muchas gracias por vuestros discursos...

           (*Las luces sobre el escenario van bajando en intensidad hasta quedar en oscuridad.*)

SERGIO   (*Voz en off.*) Me hace muy feliz saber que me habéis dedicado esas palabras delante de mis amigos y familiares. (*Pausa.*) Os preguntaréis por qué os he dejado esta carta... y es que os quiero hablar de cinco momentos clave de nuestra amistad. (*Pausa.*) Para ello tenemos que regresar a aquel momento dónde todo empezó para mí. El día que os conocí a los dos... (*Entra sonido de retroceso de cinta de VHS. Se detiene. Entra canción de discoteca.*) Era un jueves del año 2007, lo que hoy es conocido como el fatídico *juernes*, como odio esa palabra, y había tenido un mal día cuando de repente...

Acto II
Escena 2
Regreso al futuro (2007)

> *Un bar de barrio gay —tipo Grease—. Es pronto y hay poca gente. Vemos en una esquina a* Sergio *—que esta representado por* Carlos*— y en la otra a* Patricia. *Por lo bajito* Sergio *está muy animado por la canción, no lo puede evitar, a pesar de estar pasando por un mal momento.* Patricia *está observándolo y le hace mucha gracia.* Sergio *se percata de que la mira.*

SERGIO   Es que no lo puedo evitar..., Venus.

PATRICIA   ¿Qué dices?

SERGIO   Que sí que me lo sé, es ese grupo seguro, vamos.

PATRICIA   No, que qué dices..., que con la música no te escucho bien.

SERGIO   Que es Venus.

PATRICIA   ¿El planeta?... mira no te entiendo.

SERGIO   La canción... de Bananarama.

Patricia	¿Me puedo sentar?
Sergio	Sí, claro.
Patricia	¿Tú no eres de aquí, no?
Sergio	No, no... soy de Sevilla.
Patricia	Es que no se te entiende nada. Vaya acento que tienes. (Patricia *le quita las gafas a* Carlos/Sergio) ¿Qué haces? A ver Carlos, si vamos a leer los cinco momentos que refleja Sergio en su carta, tienes que leer con mas gracia, él era más flamenca, que parece que no has comido carne mechá en Sevilla en tu vida.
Carlos	Pues yo lo veía así.
Patricia	Venga. Vuelve a intentarlo. (*Retoman la escena.*) ¿Me puedo sentar?
Sergio	Sí, claro.
Patricia	¿Tú no eres de aquí, no?
Sergio	(*Exagerando el acento.*) No, soy de Sevilla.
Patricia	Así mucho mejor.
Sergio	¿Qué quieres que le haga, hija? Tampoco llevo mucho tiempo aquí. Y tú, ¿de dónde eres?

PATRICIA   De aquí.

SERGIO   Pues de las pocas, serás. Pues nada, yo soy
                Sergio. Encantado.

PATRICIA   Patricia.

SERGIO   ¿Tu primera vez?

PATRICIA   Perdona, creo que no tenemos confianza
                suficiente, para contarte mi primera noche
                con Antonio en el pajar.

SERGIO   No, no... tu primera vez en este bar, digo.

PATRICIA   Ah... sí.

SERGIO   Ya me imaginaba. Porque tú no eres de este
                barrio.

PATRICIA   No, pero conozco a la dueña. Tú sí que eres
                de este «barrio» ¿Eres gay?

SERGIO   Creo que no tenemos la confianza sufi-
                ciente. (*Pausa.*) No pasa nada.

PATRICIA   ¿Qué va a pasar?... Si yo tengo muchos
                amigos gays.

SERGIO   Déjalo.

PATRICIA   Sí, tengo muchos amigos gays.

SERGIO   ¿¿Ah sí?? Pues te sentirás afortunada. Es
                que los gays son tan divertidos y tan sen-
                sibles.

PATRICIA   Sí, es verdad.

SERGIO   Y te puedes ir con ellos de compras. Cla-
                ro que sí, pon un amigo gay en tu vida.

PATRICIA   Totalmente.

SERGIO   Desde luego. Yo me refiero a que no pasa
                nada por preguntarme si soy gay. Otra cosa
                es que te responda.

PATRICIA   Me estás haciendo la 13-14. ¿Eres gay o no
                eres gay?

SERGIO   Pero qué empeño tiene todo el mundo en
                saber si soy gay.

PATRICIA   Bueno, era por charlar un poco. Como te
                veía tan solo.

SERGIO   A veces, es mejor estar solo que mal
                acompañado.

PATRICIA   Vaya con el andaluz el corte que me ha
                pegado, tanta feria y alegría y mira. Ya me
                voy.

                (PATRICIA *se va.*)

SERGIO   Chiquilla, que es una forma de hablar. No
              lo decía por ti. (PATRICIA *se gira.*) Y sí, soy
              gay, ¿contenta?

PATRICIA   La verdad es que me da igual.

SERGIO   Y a mí también. Pero es que llevo un día...
              y se supone que les debería dar igual. Pero
              claro... (*Imitando al líder de su partido po-
              lítico.*) «No es que nos importe pero esto
              nos lo tenías que haber dicho... Ya sabes
              que nosotros no nos metemos en estos pro-
              blemas pero claro... de haberlo sabido».

PATRICIA   ¿Problemas? Desde cuando ser gay es un
              problema.

SERGIO   No, si el problema es cómo se han ente-
              rado.

PATRICIA   ¿Y cómo se han enterado?

SERGIO   Han visto unas fotos muy compromete-
              doras con «una amistad».

PATRICIA   Es que para unos padres, hay cosas que es
              muy difícil de entender. Mi padre está ob-
              sesionado con que tengo que salir más, di-
              vertirme, disfrutar más de la vida... que no
              tengo que trabajar tanto, me dice.

SERGIO   No, si no es...

PATRICIA   No, no... si te entiendo perfectamente. Te vas a poner de su lado. Es que yo pienso mucho en mi futuro. Y en la banca, y siendo mujer ya me dirás.

SERGIO   No, no, si no es eso.

PATRICIA   Sí, sí es eso. En el mundo de la banca para una mujer es mucho más complicado. Tienes que destacar, hacer las cosas diferentes.

SERGIO   Sí, diferente es…

PATRICIA   Pues eso es lo que yo digo. Ser diferente es lo que va a hacer que destaque para después poder retirarme y comprarme una cafetería en una plaza italiana en Roma y vender mis propios *cupcakes* y estar con mis niños.

SERGIO   Es diferente.

PATRICIA   Eso ya lo he dicho yo.

SERGIO   Es diferente porque mis padres saben que soy gay desde que era pequeño.

PATRICIA   ¿Ah sí?

SERGIO   Desde siempre.

PATRICIA   Entonces... ¿de qué estamos hablando?

SERGIO   De mi partido.

PATRICIA   Ahora sí que me he perdido.

SERGIO   Soy secretario del A.D.E

PATRICIA   Yo también estudié en A.D.E.

SERGIO   Me refiero al partido político A.D.E. Alternativa Democrática Española.

PATRICIA   Ahhh... Eso no lo conoce ni Perry.

SERGIO   Ya hace años que se creó el partido.

PATRICIA   Y los de tu partido se han molestado porque se han enterado de que eres gay.

SERGIO   Exacto. Me dicen que .. (*Imitando al líder del partido.*) «Por supuesto que no pasa nada, pero antes de presentar mi candidatura lo tenía que haber mencionado». (*Pausa.*) Quieren ser un partido que destaque por la transparencia y la honestidad. ¿Tú te lo puedes creer? Me he quedado traspuesto. Oye... Y a ti, ¿qué te pasa con tu padre?

PATRICIA   Está obsesionado con que tengo que vivir mis días de juventud.

SERGIO   Me parece bien.

PATRICIA   Él lo dice porque está enfermo y se arrepiente de no haber disfrutado lo suficiente. Pero es que yo disfruto mucho con mi trabajo.

SERGIO   ¿Qué le pasa a tu padre?

PATRICIA   Tiene esclerosis lateral amiotrófica.

SERGIO   El ELA... Lo siento. Y por eso quiere que que salgas más.

PATRICIA   Tiene miedo a la muerte, como todos.

SERGIO   Yo no. Yo creo que la muerte tiene que ser como una celebración por los días que hemos compartido con nuestros seres queridos. A mí me gustaría que me recordaran así. Con alegría y optimismo...

PATRICIA   ¿Tú crees?

SERGIO   (*Mirando el botellín.*) Claro. Esto está vacío.

PATRICIA   ¿El local?

SERGIO   Sí, el local también. Yo lo digo por la cerveza. Voy por una, te traigo otra.

PATRICIA   Sí, claro. (PATRICIA *ve que en la planta de arriba está el chico con el que ha quedado.*) Uy, ese de ahí es Carlos, ¿no? Sí, tiene que ser él. Tiene cara así como de tontito, ¿no? Pero está bueno... Bueno no. pero igual es un feo interesante. Que viene... (PATRICIA *se pone a maquillarse y tararea una canción pop de amor.*) ¿Por qué canto esta mierda canción?

(*Entra* CARLOS *con dos botellines, habla con* SERGIO, *fuera de escena.*)

CARLOS   Sí, no te preocupes... Sergio, ¿no? Yo te cuido la cerveza. Tú fuma tranquilo. (CARLOS *se acerca a* PATRICIA *y le ofrece dos botellines. Es la tercera vez que entra a una chica pensando que es* PATRICIA.) Toma pa-ti... Patty. Patricia.

PATRICIA   Ahhh, entonces tú eres el de Urgencias.

CARLOS   ¿Cómo?

PATRICIA   El actor.

CARLOS   Es *Hospital Central. Urgencias* es el americano.

PATRICIA   Yo es que no veo la tele.

CARLOS   Tú sí que eres mi Patricia. A la tercera va la vencida. Ya me dijo Lucía... que eras muy directa.

(PATRICIA *recibe el comentario como un cumplido.*)

PATRICIA   Gracias.

CARLOS   Por cierto, no son las dos para ti, las cervezas.

PATRICIA   Pensé que querías emborracharme.

CARLOS   Una es de un chico que acabo de conocer. Es que se iba a fumar fuera y como ha entrado la nueva ley.

PATRICIA   Pero si solo se prohíbe fumar en el lugar de trabajo. ¿Te imaginas que no se pudiera fumar en los bares?

CARLOS   Yo es que no soporto el tabaco.

PATRICIA   ¿El chico del que hablas es el chico este sevillano, guapete, que va así arregladito, con gafas?

CARLOS   Es un chico muy normal... Quién va a ser si no. Arriba no hay nadie más.

PATRICIA   Tiene su punto. Es muy gracioso.

CARLOS   Por cierto, este chico es del partido político... ¿cómo era? TDA

PATRICIA   ¿TDA?

CARLOS   TDA, ¿no?

PATRICIA   Eso es «trastorno de déficit de atención».

CARLOS   Sí, puede ser que no le prestara mucha atención.

PATRICIA   Es del A.D.E. Alternativa Democrática Española.

CARLOS   Eso no lo conoce ni Ferry.

PATRICIA   Eso también lo he dicho yo.

CARLOS   Como este garito.

PATRICIA   Te recuerdo que quien concretó la cita fue la dueña de este garito.

CARLOS   Me dijo Lucía que tenían un futbolín nuevo y como sabe que a mí me gusta mucho.

PATRICIA   (*Sorprendida.*) ¿Qué dices?

CARLOS   (*Gritando.*) Que me gusta mucho jugar al futbolín.

PATRICIA   Sí, te he entendido. Lo digo porque a mí también me encanta el futbolín, que yo siempre jugaba con mis hermanos, mi madre prefería que yo jugase a las muñecas pero yo siempre preferí el futbolín.

CARLOS   Futbolín. ¡Qué bueno! (*Hace un baile de victoria poco sincronizado y sin ritmo.*) Toma ya. Pues después podemos echar una partida.

PATRICIA   Qué raro.

CARLOS   Tampoco es tan raro.

PATRICIA   No, digo que es raro, conocernos así... en una cita a ciegas.

CARLOS   A lo Kim Basinger y Bruce Willis.

PATRICIA   ¿Qué?

CARLOS   ¿No la has visto? *Cita a Ciegas*... es un clásico. ¿No sabes quién es Kim Basinger?

PATRICIA   Kim Basinger es la de «tara ri ta ra tan»... (PATRICIA *se pone a tararear la canción de* «9 Semanas y Media».) ¿Cómo se llama esa peli?

       (CARLOS *deja que siga cantando para reírse de ella.*)

CARLOS   ¿Cómo? Me suena algo.

PATRICIA   Sí, esa película de los 80 en la que ella se va quitando la ropa.

       (PATRICIA *sigue tarareando.*)

CARLOS   *¿Dirty Dancing?*

PATRICIA   Nooo, esa es la de... *(Perfecto acento inglés, cantando muy bien.)*

«Now I've had the time of my life.
No, I've never felt like this before...
    Yes I swear it's the truth...
    And I owe it all to you».

(CARLOS no puede parar de reír.) No te estarás riéndo de mí.

CARLOS   ¿Yooo? Para nada.

PATRICIA   Que el actor eres tú.

CARLOS   Por cierto, qué bien cantas.

PATRICIA   Gracias

CARLOS   «9 Semanas y media».

PATRICIA   ¿Para qué?

CARLOS   La película.

(CARLOS empieza a tararearla.)

PATRICIA   Tu cantas fatal.

CARLOS   Para un musical ya te digo que no me van a llamar. Pero sí que es raro.

PATRICIA   Si cantas mal, no. Lo raro es que te cojan para un musical.

CARLOS   Me refería a conocernos así... sin habernos visto antes.

PATRICIA   Habrá un día en que eso será imposible.

CARLOS   Podremos ver quién nos llama y ver su cara, desde el móvil.

PATRICIA   Y no podremos tener una...

PATRICIA
/CARLOS   Cita a ciegas.

CARLOS   ¡Tres marcas de leche!

(CARLOS, *emocionado, la pellizca.*)

PATRICIA   Ahhhh.

CARLOS   ¡Tres marcas de leche!

PATRICIA   ¿Qué haces?

(CARLOS *explica las normas del juego, súper emocionado.*)

CARLOS   ¿No jugabas a esto en el colegio?

PATRICIA   Pues no.

CARLOS   Pues era que si coincides con otra perso-
                na diciendo las mismas palabras uno de los
                dos puede pellizcar al otro y hasta que no
                diga por ejemplo tres marcas de leche no
                lo puede soltar... tipo Pascual, PMI...

PATRICIA   (*Cortándolo.*) Vale, vale, ya lo pillo...
                (*Pausa incómoda.*) ¿Y qué tal te va la vida
                de actor?

CARLOS   Empecé hace un par de años en *Hospital
                Central* y no me puedo quejar. Aunque ya
                lleva varios años la serie en emisión y no
                sé hasta cuando durará.

PATRICIA   Si es de hospitales seguro que sí.

CARLOS   ¿Tú crees?

PATRICIA   A la gente le gusta mucho el drama. ¿Pero
                no eras figurante?

CARLOS   Es figuración especial... de vez en cuando
                tengo frases.

PATRICIA   ¿Y dónde te ves dentro de diez años? (*En
                ese momento* CARLOS *se atraganta con un
                «Kiko» y le da a* PATRICIA *en un ojo.*) Ah, me
                has dado en el ojo. ¡Ay dios!.

CARLOS   Pero ábrelo, que te vea.

PATRICIA   Mira me voy al baño.

CARLOS   Te acompaño.

PATRICIA   No... Cuídame el bolso... (PATRICIA *camina hacia el baño, fuera del escenario. Voz en off.*) ¡Será gilipollas!

CARLOS   (*Pensativo.*) Yo que sé dónde voy a estar dentro de diez años.

(*Entra* SERGIO *interpretado por* PATRICIA.)

SERGIO   Eyy... Carlos.

(CARLOS *le quita las gafas a* PATRICIA.)

CARLOS   Patricia si estamos leyendo la carta de Sergio podrías intentar imitarlo mejor, él no era borde, que has entrado con una mala leche. Sergio era muy alegre.

PATRICIA   Yo no he entrado borde, si te he sonreído y todo.

CARLOS   Venga entra otra vez y con más alegría. (*Pausa.*) Yo que sé dentro de diez años...

(*Entra* SERGIO *interpretado por* PATRICIA.)

SERGIO   Eyy... Carlos. Gracias por guardarme la cerveza. ¿Cuál es la mía?

CARLOS   Esta. Pero no exageres tanto el andaluz.

PATRICIA   Yo lo voy a leer así, ¿algún problema?

CARLOS   Vale, vale. ¿Ya te has fumado el cigarro?

SERGIO   Y ya he hablado con los del partido. Quie-
                  ro dejarlo.

CARLOS   Yo no sé cómo puedes.

SERGIO   Es que no es fácil, es como una droga.

CARLOS   No. Es una droga.

SERGIO   Pero es que yo no sabría hacer otra cosa.

CARLOS   Ahora con la ley todo es más fácil. Así te
                  obligan.

SERGIO   ¿Qué ley? Creo que hablamos de cosas di-
                  ferentes.

CARLOS   ¿No estás hablando de dejar de fumar?

SERGIO   No, que va. Esta droga creo que no la de-
                  jaré nunca. Yo hablo de dejar el partido. Que
                  se ha liado una .. Pero no me da la gana.

CARLOS   Y ahora te quieren echar.

SERGIO   Más o menos, no urgues en la herida…
                  (*Cambiando el tema.*) ¿Y tú, con Patricia?

CARLOS   ¿Yo? ¿Qué?

SERGIO   Ahh. Que hay temita.

CARLOS   No, no... que nos acabamos de conocer. ¿Y
                tú, y ella?

SERGIO   Si yo soy gay. ¿Tú también?

CARLOS   No. Yo no.

SERGIO   Bueno, vale, tranquilo... que no te voy a
                comer los morros, como sois los heteros.

CARLOS   A mi me gusta Patricia.

SERGIO   Yo creo que pegáis un montón, estáis he-
                chos el uno para el otro.

CARLOS   ¿Qué dices? Es maja pero es que tiene mu-
                cho...

CARLOS
/SERGIO   Carácter.

CARLOS   Tres marcas de ropa.

SERGIO   Emidio Tucci, Dolce & Gabbana, y Vic-
                torio y Lucchino

CARLOS   ¡Tú sí que entiendes!

SERGIO   Y tú también entiendes.

CARLOS   Claro que lo entiendo.

SERGIO   No, tú no entiendes.

CARLOS   Claro que sí que entiendo el juego, ¿que
                en Sevilla también lo jugáis?

SERGIO   Claro, hijo. Bueno, me voy a dar una puti-
                vuelta y así cuando venga Patricia os
                dejo solos.

CARLOS   No, no, por favor. Quédate. Es que con ella
                me quedo en blanco... Mira, podemos
                echar un futbolín los tres.

SERGIO   Uy, es que a mí el fútbol.

CARLOS   ¿Nunca has jugado al futbolín?

SERGIO   Sí, de pequeño... aunque ya en aquella épo-
                ca me gustaba más saltar a la comba.

CARLOS   ¿En serio? Qué bueno .. me encanta... con
                dos huevos.

SERGIO   No te creas, había cosas que no me atre-
                vía.

CARLOS   ¿Cómo qué?

SERGIO   ¿Conoces la canción de «Venus» de Ba-
                nanarama?

CARLOS   Ni idea.

SERGIO   Me acuerdo que en las fiestas del colegio había tres amigas que salieron a hacer el playback... imagínate con su vestuario, su coreografía, estaban divinas... no te puedes imaginar la envidia que me daban... me hubiera encantado ser yo una de ellas. Pero...

CARLOS   Bastante tenías con saltar a la comba.

SERGIO   Pues sí. Imagínate un colegio de curas... en Sevilla. Eso sí, delegado de clase. Me los ganaba a base de palabra.

CARLOS   Por algo eres político... tiene que ser difícil enfrentarte a los medios, a saber medir bien tus palabras.

SERGIO   Como tú... Enfermero Lara.

CARLOS   ¿Me has visto?

SERGIO   Mi madre está enganchada y a veces me toca verla. Pero no hablas mucho, ¿no?

CARLOS   Es que es figuración especial.

SERGIO   Bueno pero tú dilo con orgullo y ya verás que las cosas mejorarán en el futuro... ya oirás hablar de mi partido, del A.D.E. Alternativa Democrática Española.

CARLOS   Es que no me gusta mucho la política...
                al final son todos unos chorizos... con per-
                dón.

SERGIO   Si te entiendo perfectamente... pero noso-
                tros, yo, por lo menos, quiero hacer las co-
                sas bien.

                (*Entra música de discoteca. Y* SERGIO, *bai-
                lando, se insinúa a* CARLOS.)

CARLOS   (*Incómodo.*) Bueno, ¿qué? ¿Buscamos a Pa-
                tricia para echar ese futbolín?

SERGIO   (*Le da un toque en el culo.*) Ese culo hay que
                trabajarlo más en el gimnasio.

CARLOS   ¿Sí? ¿Tú crees?

                (*Entra sonido «fast-forward» de cinta de
                VHS. Se detiene. Suena «sintonía» de in-
                formativos. En los diferentes noticieros
                anuncian el éxito del político* SERGIO *Villa-
                nueva.*)

PRESENTADORA 1 (*Voz en off.*) Increíble el ascenso del par-
                tido A.D.E. Alternativa Democrática Es-
                pañola.

PRESENTADOR 1   (*Voz en off.*) El partido A.D.E. encabeza-
                do por Sergio Villanueva va subiendo en
                las últimas encuestas y se sitúa por delante
                del resto de partidos.

Presentadora 1 (*Voz en off.*) Parece ser que un mensaje diferente es el que pueda estar calando a la población.

Presentador 2 (*Voz en off.*) Estamos ante un hecho inusual. Recordemos que A.D.E. surgió en 2005 y en tan solo ocho años ha conseguido lo que hasta la fecha ningún partido había logrado.

Presentadora 2 (*Voz en off.*) Las encuestas del CIS sitúan al partido político A.D.E entre los triunfadores ante unas posibles elecciones generales.

Presentador 3 (*Voz en off.*) 2013 es el año del A.D.E., Alternativa Democrática Española, y a día de hoy estaría en disposición de alcanzar la mayoría absoluta.

Presentador 1 (*Voz en off.*) El hombre que ha hecho crecer el partido desde su comienzo: Sergio Villanueva.

Acto II
Escena 3
La boda (2013)

> *Estamos en la celebración de la boda de* Pa-
> tricia *y* Carlos. Sergio, *padrino, y los no-*
> *vios van a dar un discurso con motivo del*
> *acto. Aparece* Sergio *—interpretado por*
> Carlos—, *mira hacia atrás y ve que los no-*
> *vios están discutiendo.* Sergio *necesita salir*
> *del paso por ellos y hacer su discurso.*

Sergio   ¡Que vivan los novios! (*Se acerca al pie*
           de micro y saca el micrófono. Se dirige a los
           asistentes a la boda.) Amigos, familiares,
           periodistas, compañeros... Todo cambio
           hay que tomarlo como algo positivo, que
           forma parte de la vida. Y eso es lo que
           queremos hacer en nuestro partido...
           Porque no nos olvidemos que Patricia y
           Carlos son un buen partido. (*Aparece* Pa-
           tricia *borracha, y con una copa en una*
           mano y en la otra una botella.) ¡Aquí está
           la novia! Viva la novia.

Patricia   ¡Que viva!

Sergio   ¿Y Carlos?

PATRICIA   No sé quién es Carlos.

SERGIO   ¿Quién iba a decirnos que seis años después nos encontraríamos aquí? (*Pausa.*) Durante este tiempo hemos sido amigos inseparables. (*Pausa.*) ¿Y os podéis creer que hasta el año pasado, no empezaron a salir? Y eso que están hechos el uno para el otro. Yo lo sabía desde el primer día que los conocí. (*Pausa.*) Sois honestos, sinceros, cariñosos, respetuosos y sobretodo leales e incondicionales. Qué suerte teneros como amigos. (*Pausa.*) Patricia, para mí ha sido un orgullo llevarte al altar. ¿Sabes quién estaría muy orgulloso de ti? Tu padre. (*A* PATRICIA *le llega el comentario sobre su padre.*) Que sepáis que Patricia se fijó primero en mí. Así que. Carlos, cuídala por mí... es ella, sin lugar a dudas. (*Pausa.*) Menuda fiesta la que nos vamos a pegar hoy amigos.

PATRICIA   Fiestaaaa.

SERGIO   Por todo lo alto. Hoy 8 de marzo de 2013, va a ser un día memorable. Y que no tenga que daros ningún toque de atención. Que no seáis lo típicos que os casáis, tenéis hijos... (*Se percata de que ha metido la pata. Por lo bajo, a* PATRICIA.) Perdón... (*Continúa.*) Que como paséis de los amigos os mando un mensaje bomba de los míos. ¡¡Vivan los novios!! Vaya fiesta.

(SERGIO *se lleva a* PATRICIA *a un sitio más apartado.*)

PATRICIA   (*Mirando entre los asistentes.*) Mira mi prima Dolores qué guapa.

SERGIO   Perdona por sacar el tema del hijo. No fue mi intención.

PATRICIA   Lo sé amigo. Te quiero.

SERGIO   De todas maneras deberías decírselo a Carlos.

PATRICIA   ¿Para qué?

(PATRICIA *se pone a llorar y abraza a* SERGIO. SERGIO *se quita las gafas y habla desde* CARLOS.)

CARLOS   Tuviste un aborto y no me dijiste nada.

PATRICIA   Carlos, no estaba preparada. Luego te cuento... sigue leyendo por favor.

(CARLOS *obedece.*)

SERGIO   De todas maneras deberías decírselo a Carlos.

PATRICIA   ¿Para qué? Si ya lo he perdido... mi bebé. (*Se abrazan.*) Prométeme que no se lo dirás a Carlos.

SERGIO   Puedes confiar en mí... ¿Hay algo más?
                ¿Estás bien?

PATRICIA   Mejor que nunca.

                (SERGIO *mira a los lados.*)

SERGIO   ¿Y Carlos?

PATRICIA   Le ha dado un apretón...

SERGIO   ¿Ahora? Menudo es. Bueno, voy a bus-
                carlo. No te muevas de aquí.

                (SERGIO *sale de escena.* PATRICIA *se acer-
                ca al proscenio, con la copa en la mano, y
                se dirige al público*)

PATRICIA   Estas copas de plástico... (*Hace gestos
                como para aclararse la voz, bebe todo y hace
                unas gárgaras.*) Bueno, yo también quie-
                ro hacer un brindis por todos vosotros.
                (*Comprueba que su copa está prácticamen-
                te vacía.*) Creo que me la he bebido... un
                momento. (*Se acerca de nuevo a la mesa y
                se sirve más pero lo vuelve a tirar. Se acer-
                ca de nuevo al micro. Vuelve a aclararse la
                voz y hace gestos típicos de calentamiento
                de voz, imitando a* CARLOS.) Pero primero
                hay que calentar como lo actores. Erre con
                erre guitarra, erre con erre carril, rápido
                ruedan las ruedas de este ferrocarril.
                (*Pausa.*) Ahora mucho mejor. ¿No es así

como se hace, Carlos? ¿Dónde está mi maridito? Ahh... ya sé. Está ca... (*Se tapa la boca con el dedo.*) Shhhh... (*Pausa.*) Es que es mucha responsabilidad. Y claro, doy respeto. Porque señoras y señores yo impongo.

(*Empieza a tambalearse. En ese momento llega* CARLOS *y la aparta del micro.*)

CARLOS   Cariño, creo que has bebido demasiado.

(*Le intenta quitar la bebida, pero ella se resiste y acaba tirándole el resto encima.*)

PATRICIA   Perdona, perdona. Tú no te muevas.

(*Se acerca de nuevo a la mesa para rellenar la copa.* CARLOS *mientras tanto se acerca al micrófono.*)

CARLOS   Muy buenas a todos. Gracias a todos por venir. Gracias Sergio, por tus palabras. Patricia y yo te estamos...

PATRICIA   Presente...

(PATRICIA *se ríe sola.*)

CARLOS   (*Le hace un gesto para que pare.*) Patty, por favor.

PATRICIA A sus órdenes. Toma te he traído tu copi-
ta. De tu Patty pa ti... (*Se ríe sola de su chis-
te y hace ademán de dársela.*) Pero antes tienes que besar a la novia.

(CARLOS *le da un beso rápido y ella le da la
copa.*)

CARLOS Puedes parar. Estás haciendo el ridículo.

PATRICIA Perdón, que tienes una imagen que dar. (*Le
quita el micro. Se empiezan a recriminar delante de los invitados.*) Es que estamos de
enhorabuena. Carlos Torres, el prestigio-
so actor, aquí presente, se va a México a
grabar su próxima película. Sí, esa es nuestra «luna de miel». Ah, no, que la hemos
tenido que cancelar. Que eres tú el que se
va y yo me quedo aquí.

CARLOS Pero si tú también la querías cancelar... es
que sabéis que ella tiene que trabajar más
que nadie, que todo el mundo sepa que ella
es la más trabajadora. Siempre tiene que
entregar un informe... su vida es un informe. Todo gira alrededor del informe...
informe por aquí, informe por allá...

PATRICIA Con Torres todo es más fácil. Si quieres
quedar con él primero tienes que hablar
con su agente a ver cómo tiene la agenda...

Carlos	Yo solo tengo a mi representante. Ella tiene a sus cinco asistentes, el asistente financiero, el asistente laboral, el asistente económico, el internacional y el europeo ese de Avalon.
Patricia	Es el European Assistant for Management Development (EAMD).
Carlos	Es que ella tiene un acento así como *british*.
Patricia	*He's a redneck and an uneducated actor*(*).
Carlos	Sí, claro, soy actor. ¿Y qué?
Patricia	Y por suerte hoy nos hemos podido casar.
	(Carlos *la aparta muy cabreado y se ponen a hablar más alejado del micro.*)
Carlos	¿A qué viene todo esto?.
Patricia	Te han visto besándote con tu compañera de reparto en la puerta de un hotel. ¿Es verdad o no?
Carlos	No es verdad.
Patricia	Pues se van a publicar unas fotos mañana.

(*) Él es un campesino sureño y un actor sin educación.

(CARLOS *se queda en silencio. No sabe por dónde salir.*)

CARLOS   Vale, sí, es verdad. Pero no es lo que tú piensas.

PATRICIA   ¡Ah, qué es verdad! ¿Y qué coño pasó?

CARLOS   Es que habíamos salido de una reunión con el director de la película que vamos a rodar en México y de repente se me abalanzó y aprovecharían para sacarnos una foto.

PATRICIA   Se te abalanzó ella y tú claro, no hiciste nada.

CARLOS   Bueno, es que habíamos bebido.

PATRICIA   ¿Qué habíais bebido? ¿Y ahora qué coño tengo que hacer yo? Esperar aquí tan tranquila mientras tú te vas dos meses con ella a México.

CARLOS   Patricia, no empieces.

PATRICIA   ¿Qué no empiece? Tú eres un gilipollas. Y el día de mi boda, que mañana voy a ser la mujer más humillada de España. Qué lo va a ver todo el mundo.

CARLOS   Patricia, por favor, tranquilízate.

PATRICIA   ¿Que me tranquilice?

CARLOS   Sí, relájate.

PATRICIA   ¿Que me relaje? (*Le da una bofetada.*) Quiero el divorcio. Cabronazo, sois todos iguales.

                  (PATRICIA *sale de escena y* CARLOS *se dirige al público con el micro.*

CARLOS   Todo va bien. Aprovechad la barra libre.

                  (CARLOS *deja el micro en el pie de micro. Suena la «sintonía» de un programa de televisión similar al de «Corazón» de la 1.*)

PRESENTADORA   (*Voz en off.*) Lo que parecía una boda idílica se ha convertido en la boda más corta del año... (*Pausa.*) Carlos Torres, el reconocido actor, y Patricia Muñoz, la respetada economista, han decidido poner fin a su relación el mismo día de su enlace matrimonial. (*Pausa.*) Ambos no han querido hacer declaraciones al respecto. (*Pausa.*) Pero el mejor amigo de ambos, y su padrino de boda, el reconocido político Sergio Villanueva, ha dejado un mensaje críptico en su cuenta de Twitter: «No hay nada mejor que imaginar otros mundos para olvidar lo doloroso que es el mundo en que vivimos». Umberto Eco.

(Escenario a oscuras. Entra sonido fast forward de cinta de VHS. Se detiene, dando paso a música italiana que nos sitúa en Roma.)

Acto II
Escena 4
De terrazas en una plaza italiana. (Roma, verano 2015)

> *Entra* Carlos *primero con un café con leche, y a continuación* Sergio *—interpretado por* Patricia*— con un móvil haciendo fotos. Entran dichosos y felices. Llevan ropa de verano.*

Carlos   Sergio, tío, este es nuestro verano. Ya nos hacía falta un descanso, aquí se está...

Carlos
/Sergio   ¡De lujo!

Carlos   ¡Rápido! ¡Tres marcas de...

Sergio   No, no. ¿Qué te he dicho sobre este juego?

Carlos   ¿Que es un poco gay?

Sergio   Que es muy gay...

Carlos   Lo sé, pero es tan de mi infancia.

Sergio   No pasa nada, pero hay ciertas cosas que los heterosexuales no debéis hacer. Son solo nuestras.

CARLOS   ¿Sabes qué, tío? Estoy cansado de vuestra usurpación.

SERGIO   ¿Disculpa? ¿Usurpación?

CARLOS   Que os apoderáis de todo: el *brunch,* el *crossfit*, los pantalones pitillo, Lady Gaga...

SERGIO   (*Ríe.*) Echaba de menos estos momentos. (*Mira a* CARLOS.) ¿En qué piensas?

CARLOS   En Patricia.

SERGIO   Lo único que vas a conseguir es hacerte mas daño.

CARLOS   Lo sé, pero no puedo evitarlo. (*Pausa.*) Sabes que ella siempre soñó con tener una cafetería en una plaza italiana, así como esta... y vender sus propios *cupcakes*... algo completamente incompatible con su puesto de economista. Pero de sueños también se vive. (*Pausa.*) Estos dos últimos años han sido... complicados. La boda-divorcio... Patricia... todo. (*Continúa.*) Gracias.

SERGIO   No hay nada que agradecer, para eso están los amigos.

            (*Suena el móvil de* SERGIO. *Lo mira nervioso.*)

CARLOS   Venga, Sergio, contesta. Es la tercera vez que te llaman.

(SERGIO *se pone de pie.*)

SERGIO   (*Con preocupación por la llamada que está recibiendo.*) Me disculpas, es importante... es del trabajo. No tardaré ni cinco minutos.

(CARLOS *asiente.* SERGIO *sale.*)

CARLOS   (*Ensimismado.*) Patricia, Patricia...

(*Música y cambio de luz, más tenue. Empezamos a escuchar a* CARLOS *en voz baja pensativo. Entra* PATRICIA. *Es una* PATRICIA *amable, simpática, relajada.*)

PATRICIA   Hola Carlos.

(CARLOS *con mirada al frente, sorprendido, no puede creer que* PATRICIA *esté ahí. Casi sin palabras.*)

CARLOS   Patricia, pero ¿qué haces tú aquí? ¿Cómo...?

PATRICIA   En realidad no estoy aquí Carlos. Eres tú el que me ha traído.

CARLOS   Pero ¿cómo puede ser?

PATRICIA   Eres actor, eres una persona creativa... contigo todo puede ser.

CARLOS   Ya. Sé que no estás aquí, pero me gustaría tanto que fueras real.

PATRICIA   Y, ¿por qué?

CARLOS   Para poder pedirte perdón por lo que te hice.

PATRICIA   ¿Y por qué no lo haces?

               (CARLOS *se gira y se sorprende al ver a PA-*
               TRICIA.)

CARLOS   Y de qué serviría... si solo estás en mi cabeza.

PATRICIA   Tú prueba.

CARLOS   Está bien. Sabes Patricia, estoy en uno de los mejores momentos de mi vida a nivel profesional, he conseguido poder llegar a elegir los guiones de las películas en las que quiero trabajar... ese siempre fue mi sueño. (*Pausa.*) Siempre he escuchado decir «ten cuidado con lo que deseas porque se puede hacer realidad». Jamás llegué a comprenderlo hasta que realmente conseguí lo que siempre he deseado... ser un gran actor. Y ahora que lo he conseguido siento que mi sueño no se ha hecho realidad porque en él me faltas tú. (*Pausa.*) Lo siento.

PATRICIA   Todo el mundo soñamos con algo... nos pasamos la vida persiguiendo nuestros sueños, luchando por ellos. A veces lo consiguimos, otras veces se quedan en el camino y en la mayoría de las ocasiones si llegamos a cumplirlos siempre nos falta alguien que hace que no sean tan perfectos. (*Continúa entusiasta.*) Ya sabes que mi sueño siempre ha sido una cafetería como esta en una terraza en Italia y hacer mis propios *cupcakes*. (*Le cambia el rostro y comienza a ponerse seria.* CARLOS *está con su mirada al frente.*) Pero se quedó en eso, en un sueño. Y tras este, uno y otro, y otro sueño iba cayendo... hasta que llegaste tú. (*Lo coge de la mano.*) No dejemos de luchar por nuestro sueño, en el que tú y yo permanecemos unidos.

(*Empieza a cantar una canción preciosa a capella. Se va cantando. La luz vuelve a la terraza de Italia. Vemos a* CARLOS *con la mirada perdida y con lágrima en los ojos. Entra* SERGIO *—interpretado por* PATRICIA*—.*)

SERGIO

(*Con cara de preocupación, mirando el móvil.*) Carlos, ¿estás llorando?

CARLOS

Es que se me ha metido algo en los ojos. ¿Quién era al teléfono?

SERGIO

Era del trabajo. Líos políticos, pero toda va bien.

CARLOS

Pareces preocupado. ¿Ha pasado algo?

SERGIO   Nada, nada. Nada que no se pueda solucionar. Y tú, ¿estás bien?

CARLOS   Sí, sí, nada, nada... nada que no se pueda solucionar.

SERGIO   Claro.

CARLOS   Claro. (*Silencio. Miran al vacío, pensativos los dos.* CARLOS *con entusiasmo le pregunta.*) Sergio, ¿cuál es tu sueño?

SERGIO   (*Con la mirada perdida.*) Mi sueño es hacer una política de verdad, una política diferente, una política en la que los políticos tomemos decisiones para el bien de la gente, decisiones que lleven a cambios políticos, sociales, económicos y educativos reales. Y, ¿sabes que? Me hubiera gustado haber sido un abanderado del colectivo LGTBI, un referente.

         (*Con mucha esperanza.*)

CARLOS   Y con tu partido, ¿lo estás consiguiendo?

SERGIO   Pues claro que sí, en ello estamos.

         (*Es mentira no lo está consiguiendo.*)

CARLOS   ¿Y no te gustaría ser presidente del gobierno?

SERGIO   Sí, presidente del gobierno. Y seguramen-
              te si lo fuera todo esto lo cumpliría.
              (*Mensaje esperanzador.*) Presidente de
              España, presidente de España.

              (*Se quita las gafas.*)

PATRICIA   ¿Te dijo que quería ser presidente de Es-
              paña?

CARLOS   Sí.

PATRICIA   ¡Qué mono! Oye, y ¿lloraste por mí? ¿en
              esa terraza? Qué romántico.

CARLOS   A ver, no es tal y como lo ha escrito Ser-
              gio en la carta. En realidad se me metió
              algo en los ojos y aproveché para contar-
              le que me acordaba de ti... y todo eso.

PATRICIA   Lloraste por mí.

CARLOS   No.

PATRICIA   Por eso me llamaste ese verano para pe-
              dirme perdón.

CARLOS   Bueno... al menos volvimos a ser amigos,
              ¿no?

PATRICIA   Me alegro de que lo hicieras. (*Silencio.*)
              Qué pena que Sergio no llegara a ser pre-
              sidente de España. Anda sigue leyendo.

(*Le da las gafas a* Carlos. Patricia *va saliendo y* Sergio *coloca el espacio mientras oímos los audios. El escenario se queda a oscuras.*)

Transición a escena 5

Escuchamos segmentos de varios teledia-
rios sobre Sergio y sus «presuntos» crí-
menes.

PRESENTADORA   (*Voz en off.*) Sergio Villanueva, el chico de oro de la política, se encuentra en el ojo del huracán tras ser acusado de presunto blanqueo de capitales...

PRESENTADOR 1   (*Voz en off.*) Continúan las acusaciones contra el diputado Sergio Villanueva, quien se ha negado a comparecer ante los medios...

POLÍT. OPOS. 1   (*Voz en off.*) Desde la oposición exigimos explicaciones al señor Villanueva por su comportamiento y por sus acciones.

POLÍT. OPOS. 2   (*Voz en off.*) El señor Villanueva tiene una deuda con la sociedad y con la ciudadanía...

POLÍT. OPOS. 3   (*Voz en off.*) Ha llegado el momento de que el señor Villanueva pague el precio de la justicia...

PRESENTADORA   (*Voz en off.*)Su propio partido político rompe filas y se distancia de Sergio Villanueva...

POLÍT. PARTIDO   (*Voz en off.*) Desde el A.D.E. hemos cesado a Sergio Villanueva de sus cargos en el partido hasta que se esclarezca su situación en los tribunales.

PRESENTADOR 1   (*Voz en off.*) Han salido a la luz una serie de grabaciones que podrían vincular directamente al ex-diputado Sergio Villanueva con crímenes de lesa humanidad...

(*Se fusionan todas las voces de presentadores y políticos, dando paso a un bullicio de voces ininteligibles.*)

Acto III
Escena 5
La confrontación (2018)

Sala del chalet de SERGIO, *prácticamente desierta.* SERGIO —*interpretado por* CARLOS— *está sentado en una silla, rodeado por cajas de mudanza.* SERGIO, *notablemente desmejorado, sujeta un vaso. Tiene la mirada perdida, triste, irreconocible, mientras contempla el vaso medio lleno/medio vacío.*

SERGIO   (*Mirando el vaso.*) Hay tres tipos de personas en este mundo: los que ven el vaso medio lleno, los que lo ven medio vacío, y los gilipollas que les gusta hablar sobre el dilema del vaso medio lleno medio vacío. (*Bebe un sorbo del vaso.*) Y después estamos los que nunca hemos tenido un puñetero vaso en nuestras puñeteras vidas. Los que nos lo hemos tenido que currar desde cero, sin una base, sin nada.. sobreviviendo. (*Justo cuando va a beber suena su móvil. Lo saca del bolsillo, mira la pantalla y contesta.*) ¡Patricia, pero qué sorpresa!

(PATRICIA *durante el discurso de* SERGIO *ha presenciado toda la escena. Aprovecha para llamarlo y cuando le contesta,* Sergio *se asusta.)*

PATRICIA ¿Qué pasa Sergio?

SERGIO Maricón... pero ¿qué haces aquí?

PATRICIA Pues nada, como no me llamabas, he dicho pues me planto en su casa.

SERGIO No he encontrado el momento...

PATRICIA Pues yo lo he encontrado por ti. Colgamos y hablamos.

SERGIO Claro, mejor.

(Ambos cuelgan la llamada. Ella se acerca y le da un beso. Él coge la silla y la pone de perfil al público.)

PATRICIA Deberías cambiar la cerradura y reforzar la seguridad.

SERGIO Yo confío en los míos.

PATRICIA Ya, cariño pero es un riesgo, que estas entre los políticos más odiados del país.

SERGIO Solo tú y Carlos tenéis copias.

*(*PATRICIA *se acerca a las cajas de mudanza. Cotillea las cajas.)*

PATRICIA   Ya lo sé. Bueno veo que estamos de mu-
            danza, ¿Cuándo nos piramos, a lo *Bonnie
            y Clyde*?

SERGIO   No creo que Clyde fuera gay. Y Bonnie, no
            era tan guapa.

PATRICIA   Bueno... a ver.

SERGIO   ¿Sabes de qué me arrepiento?

PATRICIA   Sí, de no ofrecerle una silla donde sentarse
            a tu mejor amiga que no sabes lo que me
            duelen los pies, maricón.

SERGIO   (*Invitando a sentarse.*) Por favor.

            (PATRICIA *se sienta.* SERGIO *busca una silla
            plegable, entre las cajas de mudanza.*)

PATRICIA   A ver... ¿de qué te arrepientes?

SERGIO   Hace tiempo atrás, conocí a alguien espe-
            cial. Más que especial, era mi alma —mi
            arma— gemela. (SERGIO *consigue la silla
            plegable, la coloca enfrente de* PATRICIA *y se
            sienta.*) ¿Crees en las almas gemelas?

PATRICIA   Depende.

SERGIO   ¿Depende de qué?

PATRICIA   Del alcohol.

(Patricia *le quita el vaso de las manos.*)

SERGIO Bueno, este era un amor sobrio.

PATRICIA Qué aburrido, ¿no?

SERGIO Todo lo contrario, no necesitaba de ningún… agente externo. (*Pausa.*) Era emocionante, excitante, abundante, por sí solo. Éramos diferentes, lo suficiente como para aprender el uno del otro, a la vez que compartíamos la misma base, los mismos principios, los mismos valores… la misma alma.

PATRICIA Si todo era tan perfecto, ¿que pasó?

SERGIO Pasó que mi orgullo… (*Pausa.*) Mi obsesión por planificar… todo. (*Pausa.*) Ya había planificado los siguientes 10 ó 15 años de mi vida. Y sabía, o al menos pensaba que sabía, que el amor y la política no eran compatibles. (*Pausa.*) Ese tipo de amor, el de almas gemelas, no lo he sentido jamás.

(Sergio *se quita las gafas y habla desde* CARLOS.)

CARLOS Pero, ¿quién es este chico?

PATRICIA Era alguien que conoció en Sevilla, antes de venirse aquí.

CARLOS Ah... ya sé. Alguna vez nos habló de él, pero no sabía que lo había marcado tanto.

PATRICIA Venga sigue leyendo.

(*Se coloca las gafas de nuevo y le quita el vaso a* PATRICIA.)

SERGIO Ese tipo de amor, el de almas gemelas, no lo he sentido jamás... al menos no en primera persona, como tú y Carlos.

PATRICIA Por cierto, ¿dónde está Carlos?

SERGIO ¿Carlitos? Rodando su nueva comedia en Francia.

PATRICIA Ya, claro... su nueva comedia romántica, pues fíjate que no sabía eh. (*Refiriéndose al vaso que tiene* SERGIO.) ¿Me das un poco?

SERGIO Sí, claro.

(PATRICIA *bebe de un golpe, inmediatamente al sentir su sabor se queda alucinando.*)

PATRICIA ¿Esto qué mierda es?

SERGIO Agua.

PATRICIA Tu estás jodido de los pies a la cabeza, ¿y no se te ocurre otra cosa que beber agua?

SERGIO

El alcohol es para celebrar. Y, como podrás entender querida, no tengo mucho que celebrar.

PATRICIA

No, ni yo tampoco. Pero el whisky es whisky, en las malas y en las buenas. Seco, áspero, fuerte... constante... incondicional. (SERGIO *se levanta.*) ¿A dónde vas?

SERGIO

(*En plan discurso político.*) Todo hombre, rico o pobre, afortunado o desafortunado, tiene una deuda con la naturaleza, su naturaleza. Deuda, que debe pagar en cómodas cuotas, a ser posible sin intereses, a lo largo de su existencia...

PATRICIA

Ya. A mear, ¿no?

SERGIO

Pues sí, maricón, que me meo toa. Ahora vengo tesoro.

(SERGIO *se dirige al baño, fuera de escena. *PATRICIA* se queda sola en el escenario. Deja su vaso en el suelo. Saca el móvil. Duda, lo guarda. Se queda pensativa. Se levanta de la silla, vuelve a sacar el móvil y, decidida, marca un número. Resopla. Camina de un lado a otro del escenario, mientras espera que contesten su llamada.*)

PATRICIA

Joder... la madre que lo parió. (*Al móvil, dejando mensaje de voz.*) ¡Carlos! Soy yo... Patty, tu Patty, Patricia vamos. Oye que, ¿dónde andas? Yo sé que no estás grabando en Francia, el rodaje terminó hace un mes, lo he visto en tu cuenta de Twitter... que no es que estuviera mirando tu cuenta de Twitter, que estaba mirando la de Ben Stiller, que es un actor americano muy gracioso y muy mono, como tú, que no digo que tu seas mono, que digo que eres gracioso, que feo tampoco eres vaya pero que... Mierda... (*Se aleja el móvil.*) Eliminar. (*Mira el móvil.*) Genial, ahora le sale mensaje eliminado. Estupendo. Dignidad 1, Patricia 0. (*Borra el mensaje. Vuelve a dejar uno nuevo.*) Oye que... verás que hay un mensaje eliminado... no le hagas caso. Estoy en casa de Sergio. (*Pausa.*) Nos necesita. Y yo no puedo hacer esto, todo esto, yo sola... yo... (*Pausa.*) Que, bueno, que Sergio no está bien, eso, pero es que, ¿cómo puede estar bien, Carlos? Diez... Se lo acusan de diez delitos, cada uno peor que el anterior. Y el mundo entero, piensa que es culpable. Y yo... yo no me lo creo. Me niego a creerlo. Es que no puede ser verdad. (*Pausa.*) Pero la verdad es que no ha hecho el más mínimo esfuerzo por convencerme de que es inocente. Está resignado. (*Pausa.*) Ha renunciado a su inocencia. (Patricia *se desmorona. Intenta mantener la compostura.*) Tengo miedo, Carlos. Miedo por nuestro amigo. (*Pausa.*) Te necesito. (*Pausa.*) Tu amigo te necesita. Te necesitamos.

(PATRICIA *cuelga. Se seca las lágrimas.* SER- GIO *entra de nuevo en escena comiendo una bolsa de patatas con ansiedad.*)

SERGIO   ¿Quieres algo de comer?

PATRICIA   No gracias, no tengo hambre. Veo que tú sí. ¿Un poquito de agua?

SERGIO   Pues sí me vendría bien.

(SERGIO *bebe del vaso de antes.* PATRICIA *Saca una foto de la caja, es una foto de los tres amigos.*)

PATRICIA   De cuando nos conocimos.

SERGIO   Qué bonita.

PATRICIA   ¿Cuál es tu problema, Sergio?

SERGIO   (*Atragantado con las patatas.*) ¿Disculpa?

(PATRICIA *se gira hacia él, eufórica.*)

PATRICIA   Disculpa, que a lo mejor no me he expresado bien, ¿cuál es tu puto problema? ¿Por qué no te levantas y luchas?

SERGIO   No tengo nada por lo que luchar.

PATRICIA   Sí que lo tienes, la verdad.

SERGIO	La verdad es relativa.
PATRICIA	¡No me jodas! Es simple. ¿Eres o no, culpable de los delitos de los que te acusan?
SERGIO	Somos los errores que cometemos.
PATRICIA	¿Eres o no culpable?
SERGIO	(*Sincero.*) Lo siento. Siento haberte decepcionado.
PATRICIA	¿Eres o no culpable?

(SERGIO *se quita las gafas y habla* CARLOS.)

CARLOS	¿Y qué te contestó?
PATRICIA	Nada, no me contestó. Él seguía con sus bromas tan tranquilo.
CARLOS	¿Y no lo volviste a ver?
PATRICIA	No, me fui entre dolida y enfadada. Pero vamos, sigue leyendo a ver cómo acaba. (CARLOS *se pone de nuevo las gafas.*)¿Eres o no culpable?

(PATRICIA *se acerca a él, lo coge de la cara y se va. Antes de que salga,* SERGIO *se levanta y la detiene.*)

SERGIO   No puedo decirte lo que quieres oír, Patricia. Hoy no. (SERGIO *camina en silencio hacia la silla donde estaba sentado al principio de la escena y se sienta de nuevo. Las luces van bajando de intensidad para regresar poco a poco al funeral. Escuchamos fragmentos de la carta escrita por* SERGIO. *Voz en off.*) Si algo he aprendido en esta vida es que el control no es más que una simple ilusión. (*Pausa.*) La diferencia está en cómo manejamos dicha ilusión para proteger a los nuestros... de la crueldad, de las injusticias y del dolor más puro de este mundo. (*Continúa, voz en off.*) Y ese es, mis amigos, el poder del amor incondicional, el de verdad.

PATRICIA   (*Voz en off, fusionándose con la voz de* SERGIO.) Amor que en mis últimos días no sentí de vuestra parte. No los culpo, y nunca lo haré. Pero es algo que deben saber. Después de todo, esta no sería una carta de mi puño y letra, sin un «mensaje bomba» de esos de los míos.

Acto III
Escena 6
Todas las historias son de amor (2019)

> *Regresamos al presente, a la pequeña sala de la Escena 1.* PATRICIA *y* CARLOS, *conmocionados, terminan de leer la carta escrita por* SERGIO.

PATRICIA   Y ahora que ya ha explotado la bomba tipo-Sergio, vuelvo con la parte emocional de esta conmovedora carta. (*Pausa.*) Cada uno de los cinco momentos de esta carta resumen lo bueno y lo no tan bueno... la fantasía y la realidad... de tres personas que se encontraron cuando más lo necesitaban. De tres amigos imperfectos, vulnerables, pero sobre todas las cosas, humanos. El quinto momento lo tendréis que descubrir vosotros. (*Pausa.*) Espero que pronto tengáis noticias mías. (PATRICIA *le ofrece la carta a* SERGIO *para que siga leyendo.*) No queda nada más que deciros que... os quiero, amigos. ¡Os quiero a mares! Nunca os olvidéis de sonreír, por favor. No importa que tan alta sea la marea, que tan fuerte sea la tempestad... todo estará bien... porque al final de la guerra, todas las historias son de amor. Siempre.

(Silencio abrumador. Carlos *guarda la carta y abraza a* Patricia. *La coge de la mano.)*

CARLOS   Siento lo del bebé.

PATRICIA   Eso fue hace mucho tiempo.

CARLOS   ¿Por qué no me lo contaste?

PATRICIA   No hubiera cambiado nada entre nosotros.

CARLOS   Al menos no hubieras estado sola. Era cosa de los dos.

PATRICIA   Nunca estuve sola.

CARLOS   ¿Sergio?

PATRICIA   Sergio.

CARLOS   Él siempre ha estado ahí...

PATRICIA   Sí.

              (Silencio.)

CARLOS   Le fallamos.

PATRICIA   Se me hace tarde. Me tengo que ir.

              (Se acerca y le da un beso en la mejilla.)

CARLOS   Sí, yo también.

(Los personajes se colocan enfrentados al público cada uno con su luz. Y escuchamos las noticias. Suena «sintonía» de informativos. En los diferentes noticieros hablan de la inocencia de SERGIO.*)*

PRESENTADOR 3   *(Voz en off.)* Han salido a la luz una serie de pruebas que confirman la inocencia de Sergio Villanueva en nueve de los diez delitos de los que se le acusaba...

PRESENTADOR 4   *(Voz en off.)* Se trata de una trama orquestada por los propios barones del partido al que pertenecía Sergio Villanueva...

PRESENTADOR 1   *(Voz en off.)* Tras filtrar acusaciones falsas que vinculaban a Villanueva con los delitos cometidos por las grandes esferas del partido, los barones ordenaron su asesinato...

PRESENTADOR 2   *(Voz en off.)* Era un cabo suelto para ellos. Los barones sabían que Villanueva era capaz de demostrar su inocencia, y lo hizo, inclusive después de muerto.

*(*PATRICIA *y* CARLOS, *de espaldas uno con el otro, hablan por el móvil.)*

PATRICIA   Carlos, tenemos que hablar.

CARLOS   Sí, lo sé.

Patricia	¿Has visto las noticias?
Carlos	Sí. ¿Quedamos y lo hablamos?
Patricia	Sí.
Carlos	Nos vemos en el bar del futbolín.
Patricia	En quince minutos estoy allí.
Carlos	Patricia... He sido egoísta. Un mal amigo.
Patricia	Eso no es verdad.
Carlos	Él me pidió ayuda... A su manera y yo simplemente... (*Pausa.*) ¿Qué clase de actor le tiene miedo al conflicto? Un cobarde.
Patricia	Carlos, no eres ningún cobarde. Lo hablamos ahora, ¿vale? (*Cuelgan los teléfonos y se giran. Al chocarse se queda* Carlos *abrazando a* Patricia *por la cintura e intenta besarla.*) Carlos..., no.

(Carlos *se gira y ve que han cerrado el bar.*)

Carlos	Cerraron el bar. Tampoco ha pasado tanto tiempo.
Patricia	Doce años... ¿te parece poco?
Carlos	Doce años... que se dice pronto.

PATRICIA
/CARLOS   Doce años

CARLOS   Tres marcas de coche.

PATRICIA   De verdad, Carlos.

CARLOS   Tres marcas de coche.

PATRICIA   Está bien. BMW, Audi y... el blanco.

CARLOS   ¿Blanco?

PATRICIA   Es que no me acuerdo de la marca de mi coche.

CARLOS   Tú tenías un Land Rover.

PATRICIA   (*Corrigiendo el acento.*) Land Rover.

CARLOS   Se me olvidaba tu acento... (*Sonríen, nostálgicos. Silencio. Volviendo a la realidad.*) Qué fuerte lo de las noticias.

PATRICIA   Sergio cometió un error. Grave, pero perdonable, como casi todo en este mundo. Y luego su partido se aprovechó de él y lo usaron como carne de cañón para encubrir sus propios delitos.

CARLOS   ¿Y por qué no nos dijo nada?

PATRICIA   Lo hizo para protegernos. El tipo de información que comprueba su inocencia es el tipo de información que te puede costar la vida. Y él lo sabía y tomó precauciones, como siempre lo había hecho. En caso de que algo le pasara, la información sería filtrada a los medios de comunicación.

CARLOS   No lo tenía que haber dejado solo. Cada vez que él quería hablar o quedar, buscaba una excusa para no hacerlo.

PATRICIA   Y yo no debí de presionarlo, ni mucho menos juzgarlo.

CARLOS   No fuimos incondicionales.

PATRICIA   Y él siempre lo fue con nosotros.

             (*Silencio.*)

CARLOS   Pero, ¿quién filtró la información a los medios?

             (PATRICIA *sonríe.*)

PATRICIA   Su arma... alma gemela.

CARLOS   El de la carta... claro. Sergio mencionó cinco momentos claves de nuestra amistad... pero solo escribió sobre cuatro de ellos. ¿Cual es el quinto?

(*Dan paseos por el espacio pensando en el posible quinto momento.*)

PATRICIA   Este es el quinto momento. Tú y yo. Aquí y ahora.

CARLOS   De cierta manera siempre lo supo.

PATRICIA   Este fue su último gran gesto de amistad: nosotros. Porque al final de la guerra...

CARLOS   Todas las historias son de amor...

PATRICIA   Siempre. (*Se dan un beso apasionado.*) No, no puedo Carlos, esto no va a funcionar, además como actor sabrás que las segundas partes nunca fueron buenas

CARLOS   Pero yo quiero estar contigo.

PATRICIA   Lo siento, Carlos. No va a funcionar. (*Entra música romántica.* CARLOS *parece que se va. Juegan a que se van girando cuando el otro no está. Pero en el último giro de* PATRICIA, CARLOS *ya se ha ido.* PATRICIA *se queda sola.* CARLOS *regresa.* PATRICIA *se gira y al ver a* CARLOS *se asusta. Y de golpe la música se para.* PATRICIA *besa a* CARLOS. *Silencio. Se miran a los ojos.*) Bueno, ¿no me vas a invitar a nada? O te piensas que con un beso ya me has reconquistado.

CARLOS   No, claro. Donde tú quieras.

PATRICIA   ¿Cómo que dónde yo quiera? (*Pausa.*) ¡Al japonés!... parece que no me conocieras.

CARLOS   Claro, claro... al japonés.

(PATRICIA *se va.* CARLOS *saca de su bolsillo las gafas de* SERGIO. *Entra música y poco a poco baja la intensidad de la luz sobre el escenario.* CARLOS *coloca las gafas de* SERGIO *sobre la corona fúnebre.*)

PATRICIA   (*Voz en off.*) ¿Carlos? ¡Vamos!

CARLOS   Voy.

(CARLOS *mira las gafas de su amigo por última vez. Sonríe. Se marcha.*)

Fin.

Esta primera edición de *incondicionales*
de Bernardo Rivera y Tomás Naranjo-Cluet, terminó de imprimirse
en junio de dos mil veinticuatro,
en Madrid.